Nā JOY COWLEY i tuhi

Hineniwha Me te Kaitiora

Nā
MIHO SATAKE
i whakaahua

Nā
KARENA KELLY
i whakamāori

GECKO PRESS

Tērā a Hineniwha i tōna whare i te pito o te wāpu. Ko tana mahi he whatu tōkena wūru, he kikorangi me te kākāriki ngā tae, hei hoko atu māna ki ngā hēramana ka mākū ana ō rātou waewae.

Heoi anō, i ngā wā karekau he poti i te wāpu, ka noho ko ia me tana kotahi. He wā ōna ka hīkoi haere a Hineniwha i te wāpu, e whakangahau ana i ngā karoro ki ana pūngawī.

I tōna whare he kūaha i te paparahi tonu, hei ara ki te moana i raro.
I te raumati, ka heke a Hineniwha mā taua kūaha ki te kaukau i raro i te wāpu.

I te hōtoke, ka kiriahi te noho i tana tūru hāneanea, ka hī ika mā te kōhao i te papa. I te pō, ka takoto i tana moenga, ka whakarongo atu ki te haumoana e ānene ana i raro i tana kūaha.

Tērā te rā e tutū ana a waho, ā, he kaitiora ka tae ki te whare i te wāpu.

Ka hītengitengi ia, ka patopato ai ki te wini.

I te noho a Hineniwha i tana tūru, e karawhiu ana i āna patui whatu.
'Ko te hau noa iho tērā,' tana kī.

Ka patopato tonu te kaitiora ki te karāhe.

Ka tītaha te mātenga o te wahine rā, ka āta whakarongo atu. ‘Ehara tērā i te hau,’ tana kī. Ka titiro ki te wini, ka hō atu, ‘Ko wai tēnā?’

Ka whakautua e tētahi, ‘He kaitiora nanakia au. Tukuna au ki roto.’

‘Kāo!’ tā Hineniwha. ‘Ko Hineniwha ahau, aungarea ake nei, e haukoti ana i tō tomo mai. Hoatu, kei mau tō iro.’

‘Ka pakaru i a au te wini,’ tā te kaitiora.

‘Ki te pēnā, kua haua koe ki aku patui whatu,’ tā Hineniwha.

Ka ngū te kaitiora.

Kotahi hāora ka hipa.
Kātahi te kūaha ka pātōtōhia.

Ka hāparangi tētahi, ‘Tukuna au ki roto!’

‘I kīia atu rā koe kia whakangaro atu rā!’ tā Hineniwha.

‘Whakatuwherahia mai tō kūaha, kei turakina e au!’ tā te kaitiora nanakia.

‘Karawhiua mai,’ te kī a Hineniwha, ‘ā, kua paoa tō mātenga ki aku pūngawī.’

‘E kore rawa koe e pēnā!’ tā te kaitiora.

‘Ehara ehara!’ tā Hineniwha.

Ka mutu te pātōtō a te kaitiora, ā, he rua hāora ka hipa.

Ka taringa areare atu a Hineniwha. Ka rongo ia i te punua rapirapi i raro i te paparahi.

'Tukuna au ki roto,' te kī a tētahi.

'Tino kore rawa atu nei!' tā Hineniwha.

'Hīkina te kūaha nei!' te kī a te kaitiora. 'Ki te kore, ka kōaratia e au.'

'Kia mōhio mai koe,' te kī a Hineniwha. 'Ki te pēnā, kua herea koe ki taku aho hī ika, ka whiua ai ki te moana.'

Ka mū te kaitiora mō tētahi wā.

'Tēnā, tukuna au ki roto,' tana kī. 'Kua mahue au i taku poti, kāore aku kāinga.'

‘Kāhore!’ te hāparangi a Hineniwha.

‘Tēnei au e inoi atu nei!’ tā te kaitiora. ‘Ka tino wehi au i te pōuri.’

Ka whakatakoto a Hineniwha i ana mahi whatu.

Ka āta whakatuwhera ia i te kūaha, ā, ka puta ake ko te kaitiora, me te waitai e māturuturu ana ki te whāriki.

Ka tonoa kia meatia atu ōna pūtu mākūkū ki mua i te ahi. Kātahi ia ka whiwhi i ētahi tōkena hou, he kikorangi me te kākāriki ngā tae.

'E kī, wehi ana te kaitiora nanakia i te pōuri,' te kī a Hineniwha.

Ka korikori ngā matiwae o te kaitiora i ōna tōkena hou. ‘E kī, mātau ana a Hineniwha te aungarea ki te whatu tōkena,’ tana kī. ‘Me te hāneanea hoki o tōna kāinga. Tēnā, taku Hineniwha…

‘...kia mārena pea tāua?’

‘Tō waha!’ te kī a Hineniwha.
Engari he tuatahitanga te hana o tōna mata i te mene.

Nō reira ka mārena a Hineniwha rāua ko te kaitiora. Kei taua whare tonu i te wāpu, ka mutu, kua toru ā rāua tamariki, aungarea kore ana, nanakia iti nei.

I te raumati, ka heke rātou katoa mā te kūaha i te paparahi, ka kaukau ai i te moana.

I te hōtoke, kiriahi ai te whānau, me te hī ika mā te kōhao i te papa.

I te pō, ka whakarongo rātou ki te haumoana e ānene ana i raro.

Ā, he wā ōna ka whakatangi oriori a Hineniwha ki ana pūngawī,

kia kore ai rātou e wehi i te pōuri.

Gecko Press™
He peka nō Lerner Publishing Group, Inc.
241 First Avenue North, Minneapolis, MN 55401 USA

Ingoa taketake: *The Fierce Little Woman and the Wicked Pirate*

E ū ana a Gecko Press ki ngā tukanga whakauka i ngā rawa taiao. He mea tā ā mātou pukapuka kia auau te pānuitia. He mea tuitui ngā herenga pukapuka, he kounga te tānga, ā, katoa ā mātou pukapuka hou he mea tā ki ngā waituhi i ahu mai i te huawhenua, ki ngā pepa kua whakamanahia e te FSC, nō ngā ngahere e āta whakaukatia ana.

I whakatakotoria ngā tuhinga matua ki te Brother 1816 Printed.
Nā TipoType te momotuhi.

He mea tā ngā pikitia o te pukapuka nei ki te pene, ki te waikano, ki te waituhi, me te pene whītau.

Ka nui te mihi a Gecko Press ki a Toi Aotearoa i tā rātou āwhina mai.

ISBN 9798765671702

Reo taketake: Reo Pākehā
He mea ētita nā Jen Martin
He mea hoahoa nā Vida Kelly

He mea tā ki Haina nā Everbest Investment Limited, he wharetā kua whakamanahia e te ISO 14001 me te FSC
1-1011559-54165-10/28/2024

He pukapuka papai anō mā te tamaiti pākiki, kei geckopress.com